Antonio Vivaldi

(Italia; 1675 - 1741)

Concierto RV425.

Para Mandolina, cuerdas y continuo en Do Mayor.

Arreglo para Guitarra solista y Orquesta de Guitarras
Daniel Morgade

Primera Edición 2015
Foto de portada
Detalle:
Pompeo Batoni (1708-1787)
Cuadro alegórico en estilo rococó

Lulu.com

Concierto RV425 en Do Mayor
Para Mandolina, arcos y cembalo
I

Arreglo: Daniel Morgade

Antonio Vivaldi
(Italia; 1675? - 1741)

II

Arreglo: Daniel Morgade

III

Arreglo: Daniel Morgade

Antonio Vivaldi

(Italia; 1675 - 1741)

Concierto RV425.

Para Mandolina, cuerdas y continuo en Do Mayor.

GUITARRA SOLISTA

Arreglo para Guitarra solista y Orquesta de Guitarras
Daniel Morgade

Lulu.com

Lulu.com

Concierto RV425 en Do Mayor
Para Mandolina, arcos y cembalo

I

Arreglo: Daniel Morgade

Antonio Vivaldi
(Italia; 1675? - 1741)

II

Arreglo: Daniel Morgade

III

Arreglo: Daniel Morgade

Lulu.com

Antonio Vivaldi

(Italia; 1675 - 1741)

Concierto RV425.

Para Mandolina, cuerdas y continuo en Do Mayor.

PARTES DE ORQUESTA

Arreglo para Guitarra solista y Orquesta de Guitarras
Daniel Morgade

Lulu.com

Concierto RV425 en Do Mayor

Para Mandolina, arcos y cembalo

I

Arreglo: Daniel Morgade

Antonio Vivaldi
(Italia; 1675? - 1741)

II

Arreglo: Daniel Morgade

III

Arreglo: Daniel Morgade

Concierto RV425 en Do Mayor

Para Mandolina, arcos y cembalo

I

Arreglo: Daniel Morgade

Antonio Vivaldi
(Italia; 1675? - 1741)

Allegro

II

Arreglo: Daniel Morgade

III

Arreglo: Daniel Morgade

Concierto RV425 en Do Mayor

Para Mandolina, arcos y cembalo

I

Arreglo: Daniel Morgade

Antonio Vivaldi
(Italia; 1675? - 1741)

II

Arreglo: Daniel Morgade

Largo

III

Arreglo: Daniel Morgade

Concierto RV425 en Do Mayor
Para Mandolina, arcos y cembalo

I

Arreglo: Daniel Morgade

Antonio Vivaldi
(Italia; 1675? - 1741,

II

Arreglo: Daniel Morgade

III

Arreglo: Daniel Morgade

4

Concierto RV425 en Do Mayor

Para Mandolina, arcos y cembalo

I

Arreglo: Daniel Morgade

Antonio Vivaldi
(Italia; 1675? - 1741)

II

Arreglo: Daniel Morgade

III

Arreglo: Daniel Morgade

www.ingramcontent.com/pod-product-compliance
Lightning Source LLC
Chambersburg PA
CBHW080846170526
45158CB00009B/2644